노정희

그래서 흑백

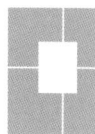

애지시선 127

그래서 흑백

2025년 5월 27일 초판 1쇄 발행

지은이 노병희
펴낸이 윤영진
기획편집 함순례
홍보 한천규
펴낸곳 도서출판 애지
등록 제 2005-000005호
주소 34570 대전광역시 동구 대전천북로 12
전화 042 637 9942
팩스 042 635 9941
전자우편 ejiweb@daum.net
ⓒ노병희 2025
ISBN 979-11-91719-33-8 03810

* 저자와의 협의에 의해 인지를 생략합니다.
* 이 책 내용의 전부 또는 일부를 재사용하려면 저자와 애지 양측의
  동의를 받아야 합니다.
* 이 책은 2025년 부산광역시, 부산문화재단〈부산문화예술지원사업〉으로
  지원을 받았습니다.

예지시선127

그래서 흑백

노병희 시집

시인의 말

한 걸음 뒤에서
그의 그림자를 따라 걷는다.

그가 멈춰 서면
나도 따라 멈춘다.

2025년 봄
노병희

차례

시인의 말 05

1부

사춘기 13
모난 돌 14
지켜주고 싶은 것들 15
이름을 적지 못했습니다 16
무릎 연골은 관절염 3기 18
혼술, 서울의 불빛 아래 20
ND400 22
어떤 떨림 24
섬진강 누나 25
밤꽃 아래 유성의 궤적 26
흰죽 28
잃어버린 나를 찾아서 30
갈등 31

2부

꽃 공양 자리 35
기도 36
장터의 끝자락 38
이태원, 멈추지 않는 40
단풍잎 할머니 42
산사 가는 길 44
부처를 보다 45
아직 웃는 이유를 모르고 46
인편鱗片 47
기도 삼매 50
비우다 52

3부

그림자의 무게 55
기일에 56
시월 그믐 57
처서 다음 날 58
비정규직 김 씨 1주기 60
겨울을 건디는 이유 62
태종사 출사를 기다리며 64
탈상 66
시간을 지나는 마당 68
파리 여행 70
학춤에 물든 금정산 72
흐린 영락공원에서 74

4부

초야 79

그녀 80

열쇠 없는 방 81

비워놓은 시간 82

가을 사람 84

모래 그림 86

기다릴게요, 나사리에서 88

흐르는 종착역 90

봄비 오는 날 91

착각 92

영도다리 94

꽃은 이렇게 핀다 96

다시 여기부터 97

해설 쉼과 멈춤 사이에 어울리는 최은묵 99

〈일러두기〉

*본문에서)는 '단락 공백 표시'로 한 연이 새로 시작된다는 표시이다.

1부

사춘기

이젠 도착하지 않는, 지워진 폐역

누군가를 기다리던 그림자가 아직도 있을까

모난 돌

비틀린 모서리에 달빛이 닿아도 둥글어지지 않았다

닳는다는 건 몇 겹 껍질을 벗어내는 일이겠지

흙길을 구르고 물길에 쓸리고 계절에 튕길 때마다

먼저 가신 아버지, 왜 등이 둥글어졌는지 알 것만 같은데

모난 곳 조각난다고 가벼워지는 건 아니겠지

등이 무거워져 둥글어질 수도 있는 거겠지

지켜주고 싶은 것들

횡단보도를 건너며 치켜든 어린아이의 손
파지를 잔뜩 싣고 가는 할머니의 수레
도로에서 비질하는 청소부의 새벽
지친 몸으로 마지막 열차를 기다리는 걸음
길에서 신발 끈을 다시 묶는 노인의 더딘 몸짓
밤늦은 골목길 자식을 기다리는 엄마의 조바심
보도블록 틈을 비집고 나온 민들레 한 포기
철길 한가운데 홀로 핀 백합의 어리둥절
거미줄 이슬에 맺힌 고향 집 냄새
첫차를 향해 뛰어가는 평범한 사람들

그 속에 나도 있고
비어 있는 곳을 함께 채우고 있고

이름을 적지 못했습니다

서랍을 열어 어제를 꺼냈다

쓰려다 멈춘 편지 하나

누군가 불러주던 이름이 내 이름이었던

번지지 못하고 얼룩으로 말라버린

종이 위로 바람이 지난다

더는 무엇도 덧붙일 수 없어서

받는 이름도 보내는 이름도 적지 못한 채

종이 위에도 노을이 내리고

어떤 옛일은 한 줄로 쓰기에는 너무 커져서

〉
말하지 못한 것들이 밖으로 번져서

구기지도 못하는 이름을 말없이 바라만 보는

무릎 연골은 관절염 3기

레일은 연골을 걱정하지 않아요
굽히지 않죠 부러지거나 시들어 가도 말이에요
비를 맞아도 풀이 죽지 않아요
침목을 걷어내도 아픔을 몰라요
덜컹대는 바퀴가 지나갈 때면
그저 윤기가 흩어지죠

선로전환기는 레일을 돌려놓아요
삶을 틀어 놓기도 하죠
하지만 연골은 무릎의 방향을 바꾸지 않아요
흩어지지도 않아요

레일 받친 자갈은 모났지만
모난 대로 살아가죠
나도 더 뾰족해지기도 하고요

닳아버린 연골은

레일 이어 붙이듯
바꿔야만 하는 걸까요

무릎 속 자갈 부딪치는 소리가 커지네요
흔들림을 견디는 게 아버지의 방향이겠죠
식구들 웃음이 시리게 뭉친 저녁입니다

혼술, 서울의 불빛 아래

 동대문시장 골목 작은 식당, 익숙한 듯 낯선 얼굴들 겹겹의 소음 속에 나만 고요해진다

 소주 한 잔 시킬까? 유혹이 목울대를 타고 오르는데 잔기침 쿨럭이며 괜히 가슴을 두드려 본다

 서울에 왔으니, 한 잔쯤이야 괜찮지 않을까? 고기 굽는 연기처럼 불규칙적으로 피어오르는 유혹에

 가라앉지 않는 허기의 이유를 술로 녹일 수 없다는 걸 알지만 소주 한 병과 잔 두 개를 주문한다

 식당 창문에 반사된 누군가의 그림자가 쓸쓸해 보였기 때문이라고, 혼자 앉은 식탁 앞자리가 허전했기 때문이라고

 내 앞에 잔 하나, 맞은편에 잔 하나, 마시지도 않았는데

술잔에 담긴 빛 흔들림에 취해버리고 까닭 없이 잔기침만 쏟아지고

ND400

대구 아트스페이스 루모스* 3인전에 다녀왔습니다
그중에서 노인병원 의사의 사진에 오래 멈췄는데요

병실 사물함에는 두유 약봉지 반쯤 남은 음료수 칫솔 물티슈 꽃병에서 떨어진 꽃잎, 그 옆으로 수액이 덩그러니 매달려 있고요

흑백은 쉼과 멈춤 사이에 어울리나 봅니다

살아온 이야기 하고 또 하고, 지치지도 않는 무용담을 채우기엔 병실이 너무 좁아 보입니다

5인실 8인실 침대 옆에 놓인 잡다한 것들이 살아 있음을 고백하는, 벽에 기댄 시간이 조금씩 기울어가는, 꽃 향보다 짙은 소독약 냄새가 살아온 모든 색을 지워버린,

그래서 흑백이었을까요?

〉
카메라 셔터 소리가 귓가를 떠나지 않습니다

* ND400: 노출을 다운시켜 촬영하는 필터
* 사진 중심 전시 공간

어떤 떨림

가끔은 있지, 달이 없어도 달맞이꽃이 피어
바람결에 흔들리면 꽃 수술 위로 얼굴이 어른거려

빗방울이 토닥이는 35번 국도
근무 마치고 새벽을 열며 달릴 때면 문득 생각나

북울산역 아무도 없는 신호실에서 어둑살 속에 잠긴 산을 보면
흔들리는 꽃 소리가 들릴 때가 있어

그대도 오늘 흔들림을 느꼈을까
환히 깨어 아침노을 챙기던 그대처럼

가끔은 있지, 이른 아침에도 달맞이꽃이 피어

섬진강 누나

백양산 자락 강물에 산그림자 눕고

그 강물에 고무신 흘린 누나는 맨발로 눕고

누나 손 잡고 강변을 걷던 어린 날은 눕지 못하고

밤꽃 아래 유성의 궤적

닿을 수 없는 이름을 꼬리라고 불러볼게요

노포 차량기지, 멈춘 열차 안에 앉아 있을 때
순식간에 지나간 짧은 횡선을 보았거든요

스친 인연도 그랬습니다
땅바닥에 밤꽃이 뒹구는 것처럼
나무들이 꽃잎을 내리는 저린 밤처럼
흔적이 흔적을 덮어버렸죠

유성이 내린, 어딘지도 모르는 방향을
한참 바라보는 이유가 6월생이기 때문일까요

밤은 마음보다 쉽게 내려앉네요

꽃 진 자리를 메우며
기차는 늘 떠날 준비를 하는데

나는 남아서
다시 사랑을 시작하듯 여름에 매달리고요

자국은 있는데 잡을 수 없는 꼬리처럼
빈 밤이 새벽으로 흘러갑니다

고개를 돌리는 옛 얼굴을 짧게 보았습니다

흰죽

 단단히 배탈이 난 아내를 데리고 새벽 응급실을 다녀왔다 무엇이 속을 다 헤집어놨는지 링거를 맞는 동안에도 탈진한 얼굴은 쉬 돌아오지 않았다

 몇 끼 식사는 죽으로 하라는 의사의 말에 쌀을 씻어 냄비에 올린다 물이 끓어오르자 뚜껑 구멍으로 쌀 익는 냄새가 새어나온다 쌀알이 부풀며 작은 소리를 낼 때 숟가락으로 천천히 둥글게 휘젓는다

 딱딱한 쌀이 물을 머금고 물러지기까지 나는 몇 번의 동그라미를 그렸을까 아내의 중심에 닿지 못한 채 맴돌기만 했던 서툰 날들이 여전히 딱딱하다

 그냥 두어선 밥도 죽도 아닌 탓에 냄비에 눌어붙지 않게 손을 움직여야 하는 일이 어렵지 않음에도 무어라고 쌀알처럼 작고 딱딱한 것을 품고 살았는지
 〉

숟가락에 흰죽을 담아 건넨다 한 숟가락 느리게 삼킬 때마다 고단한 얼굴로 나를 보며 웃는다 눈물에만 물러지는 게 아니라 웃음에도 물러질 수 있다는 걸 늦게 알았다

잃어버린 나를 찾아서

이른 빛은 어디로 가는 걸까

겨울 다대포에 가면 나를 찾을 수 있을까

내 그림자도 살얼음 건너 새벽으로 퍼질 수 있을까

비틀린 가지 동백처럼 나도 다시 표정이 될 수 있을까

오래 잠들어 깨지 않을 것만 같은

내가 모르는 나의 걸음들은

갈등

비둘기 두 마리
오늘을 파랗게 물들이려는지
엇갈리며 날아오른다

2부

꽃 공양 자리

지렁이 한 마리, 밤새 꽃 내린 길에 좌선하듯 말라 있다

기도

말로는 닿지 못할 곳이 있다고 했다

손바닥을 맞댄 까닭은 언저리쯤이라도 스칠까 싶어서였다

기도처럼 살고 싶어서, 기도 없는 순간에도 잔잔히 가라앉고 싶어서

풍경소리는 무얼 비워 저리 깊은지

끝날 줄 모르는 법문처럼 소리 너머의 소리를 향하는 울림

모은 손바닥에 땀이 돈다

맞대어야 체온을 느끼는 걸 이제야 알았으니 내 기도는 언제쯤 따스해질까

〉

 무음이 가닿는 곳이 어디인지, 입으로 뱉는 기도는 매번 무겁기만 한데

 기도는 겨우 나 하나 지키는 방식이어서

 숲에 부는 바람 소리에도 고개를 돌리고 마는 내가 연꽃의 향기는 까마득하게 멀고

장터의 끝자락

길고양이 한 마리 기우는 해를 따라간다

생선 좌판에 남은 비늘은 반짝임을 잃었다

뻥튀기 기계가 마지막 강냉이를 쏟아내고

장꾼들 종이상자처럼 몸을 접는다

소전거리 바람도 마을버스에 몸을 실었는지

국밥집 앞 부레옥잠은 가만가만 꽃을 피우고

혹시 늦게 찾아올 손님이라도 있는 건지

 일부러 머뭇거리다 찌그러진 양은 대접에 막걸리 나눠 마시는

장터 사람들의 저녁이 한 숟가락씩 익어간다

돌아갈 곳 마땅치 않은 떠돌이들의 비늘이 반짝인다

이태원, 멈추지 않는

골목 끝에는

바람도 없는데 젖은 국화꽃이 흩날리고
누군가 쓰러지고 그 위로 또 다른 이가 무너지고
뒤엉키고 흔들리는 소리들 표정들

당신의 어디에 있어 들리지 않나

바람을 붙잡은 손이 벽을 가리키는 저녁

희미해지는 바닥에는 흰 운동화 한 짝
소리가 멈춘 이어폰, 구석에서 멈춘 무거운 숨 몇 개

휘청이는 순간에도 벽은 그대로이고

덧댄 시간을 거꾸로 헤쳐보지만
어둠은 되돌릴 수 없는 색이어서

〉
무거워서 가지 못하는 이름과
가벼워서 보내지 못하는 이름과
기댈 수 없어 바닥으로 넘어지는 이름을
눌린 자리에 하나씩 적어보지만

새벽에도 국화꽃은 마르지 않고
귀가하지 못한 끝숨만 뒹굴고 있고

단풍잎 할머니

아침 6시 50분, 거제해맞이역 주름 고운 할머니와 나는 매일 같은 전철에서 마주친다

기도를 마친 할머니는 집으로 나는 일터로 향하며 거제역에서 함께 내린다

엘리베이터 문이 열리기 전 짧은 인사를 나누길 여러 달, 며칠째 혼자 내리는 가을에 할머니 대신 단풍잎 몇 개가 엘리베이터를 들락거린다

새벽바람이 데려온 걸까 할머니가 전하는 안부일까

봄부터 가을까지 쓰다듬던 할머니의 새벽기도가 멈출 것을 단풍잎도 알고 있었을까

바람에 밀려 문턱을 넘나드는 색 고운 가을 잎들
〉

내 손등을 잡고 기도인 듯 좋은 말인 듯 건네시던 할머니 손 같아 보여 주름 고운 잎 가만가만 잡아보는 아침이다

산사 가는 길

숲길에 회색 안개가 띠를 이룬다
발끝에서 숲 사잇길로 스며든다

모퉁이를 돌아서니
미루나무 끝 빈 까치집 하나

걸망 멘 스님의 어깨는 무덤처럼 낮고
염주 굴리며 젖은 풀 위로 걸어가는데

뎅그렁뎅그렁 나를 맞이하는
대웅전 단청 끝 풍경소리

먼지처럼 흩어지는 길
내 걸음은 언제 울림이 될까

세인들 내려놓은 짐 숨기려는 듯
절 지붕에도 안개가 짙다

부처를 보다

해동 고을 통도사
겨울 틈새로 봉오리 조금 연
홍매

잔설에 더 짙은 붉은 입술

아무리 봐도 봄나들이 나서는
염화시중 미소 같다

아직 웃는 이유를 모르고

구름 머무는 불사 바위 앞에 두 손을 모은다

부처님 천 년을 별빛 아래 누워 민초를 품으셨다지

도선국사 깊은 밤을 빌려 쌓은 칠층탑, 원형탑, 오층탑

돌마다 스민 숨결이 기도로 타올랐다지

석조 불감 속 부처님은 등을 맞대고 흙바람의 설법을 들었다지

투박한 손길로 빚은, 한 줌 바람에도 간절했던

누운 부처님, 바람을 따라 일어나실까

짊어진 게 얼마나 무거운지 누워서 웃기만 한다

인편鱗片

새벽인데 법당 안으로 나비 한 마리 날아들었다
향내가 꽃 같지는 않을 텐데
이슬도 채 마르기 전 마룻바닥에 내려
오므렸다가 펼쳤다가 하는 날갯짓이
마치 김 할머니 108배 같다

일 배, 이 배, 꽃에서 꽃으로 옮겨 날았던
삼 배, 사 배, 비늘마다 적어놓은 낯선 이름도

펄럭이는 몸짓으로 뱉어내지만
소리가 되지 못한 채
겨우 등을 들썩이는 울음처럼

이번이 고향 땅 보며 엎드리는 마지막일지도 모른다며
매일 밤 잠들기 전 절을 올렸다던 할머니처럼

접었다가 다시 펼쳤다가, 오십 배, 오십일 배

단주短珠가 돌 때마다 다라니의 숨결 향내로 번지고

바닥에 내린 무릎부터 할머니로 변해가는 저 나비

나는 언제부터
합장하듯 접은 날개에서
할머니의 기도 소리를 들은 걸까

몸 숙인 등에서 접힌 날개 한 장씩
꽃잎으로 바뀌는걸 본 것도 같고

나비인 듯 할머니인 듯, 동이 트도록 끝나지 않는
느린 공양을 바라보는데

할머니, 기도를 마치셨는지
훨훨 법당 마당으로 날아가신다
〉

다 비워내고 남은 부스러기가 그만큼이라는 듯
가루인지 비늘인지 엎드렸던 자리에 남겨두고
해 뜨는 동쪽을 등지고 날아가신다

* 인편(鱗片): 나비의 날개에 붙어 있는 비늘 모양의 얇은 조각.

기도 삼매

조사당 선묘 지팡이* 끝
마파람이 스친다

외투 깃 여미며 들어선 무량수전
노보살님 한 분
칼바람이 방석 위를 스쳐도
정근 삼매에 젖어 있다

"화엄성중"
"화엄성중"

아미타 부처님 미소 속에서
기도 소리는 피어나고

향 한 줌 사르고
삼배를 올려도
정근은 끊이지 않는다

〉
맑고 단아한 기도의 흐름
그 끝자락을 붙들고
나도 화엄 세계로
조용히 발을 들이고 싶어진다

"화엄성중"
"화엄성중"

기도에 잠긴 어깨에 외투 벗어 덮어주면
내 간절함도 비워질까
딱딱해진 바람도 물렁해질까

* 의상대사가 평소 짚고 다니던 지팡이를 꽂았다고 하는
  선비화(仙扉花) 나무.

비우다

소쩍새 울음소리가 어둠을 가르고

나 혼자가 아니라며 스스로 다잡아 보지만

기도의 끝자락에서 놓친 법문

명자꽃 향기는 봄밤 내내 관세음보살의 감로병을 감싸고

관음전엔 새벽 풍경 소리에 절로 두 손 모으는

진달래 꽃물 든 아침

멀어졌다 가까워졌다 끊임없이 반복하는

현생의 윤회

3부

그림자의 무게

보행기에 폐지 싣고 가다
가로등 아래 멈춘
할머니

담요 같은 빛이
굽은 등 그림자를 덮고 있다

기일에

차림은 있으나 채우지 못한 마음들이
모서리마다 걸터앉아 있다

향 연기 속으로 잦은 기침 소리가 스며들고
술잔 가장자리에 묵은 시간이 겹친다

해마다 술상을 차려내도
빈자리는 덮지 못하고

나는 괜스레 아버지 헛기침을 흉내 내지만

따뜻한 국 한 사발
속 깊은 찬 하나를
저 너머로 보내지도 못하는

시월 그믐

가마우지 한 마리 테트라포드에 앉아 있다
안개 짙은 방파제 등대 불빛만 파고든다
젖은 밤에도 물별이 녹을까
등댓불 따라 찾아올 춘식이를 기다릴 때
던져둔 낚싯줄에 올라오는 비린 기억
안개 걷히어 가고 가마우지 날아오른다
제 몸에 물길 내며 떠났던 낚싯배 방파제를 넘어온다
비린 자리에도 시린 자리에도
무심히 머물다 가는 그믐

처서 다음 날

온천천변 긴 평상에 할미들 모여 있다

무릎 관절 내려앉아 한동안 병원 신세 진 밀양댁은 병원에 있다가 밖에서 하늘을 보니 영감보다 낫다며 크게 웃는다

평상에 발을 뻗고 둥글게 앉아 동네 할미들 두런두런 옛이야기 꺼내다가도 누군가 시작한 노래에 다 같이 소리를 맞춘다

늦여름 천변은 그럭저럭 바람도 좋고 손으로 무릎장단 맞추기에 가락도 좋은데

이 노래 저 노래 살아온 날 하소연이라도 하는 듯 맘껏 목청을 높이다가 〈봄날은 간다〉에서 하나둘 소리를 뒤로 뺀다
〉

설렁거리며 먹이를 찾던 쇠오리와 쇠오리를 놀리던 왜가리도 노을에 잠시 딴청을 부리듯 서쪽 하늘을 바라보는데

하나둘 일어서는 할미들 다들 무릎이 시원찮은지 평상을 짚고 설 때마다 에고 에고 똑같은 소리를 낸다

늦여름 해처럼 천천히 기울어지자고 말하며 흩어지지만 할미들이 쏟아낸 노래는 벌써 온천천 따라 흘러갔고

저녁은 어쩌자고 서둘러 오는지, 할미들 벌써 저만치 가는데 제일 늦은 밀양댁 푸념에 괜히 내 무릎이 쑤셔오는, 처서 다음 날

비정규직 김 씨 1주기

눈이 다시 광장에 내립니다
서늘한 입김 사이, 구호는 잠시 멎고
정렬된 대오 위로 피켓만 흔들립니다

〈살고 싶다〉는 글자가 얼룩으로 번지고
어깨띠에 내려앉은 눈송이가
젖은 천처럼 무거워 보입니다

김 씨는 이름을 잃고 사번만 남았습니다
그의 발자국은 눈 속에 사라지고

맞잡은 손이 하나둘 풀려도
닳아빠진 신발 위 눈송이가 꽃으로 보이는 건
해맑은 김 씨 얼굴이 떠오른 까닭만은 아닐 겁니다

일 년이 지났습니다
천막 안에는 주인 없는 향이 가물거리며 타고

길 건너 구호에도
정규직 명찰을 달지 못한 채 떠난
김 씨의 목소리는 이제 들을 수 없습니다

한겨울에도 얼지 않는 그림자가 있다는 걸
오늘 처음 알았습니다

우리는 김 씨의 그림자를 나누어 이마에 두르고
다시 새벽을 일어서야 합니다

겨울을 견디는 이유

겨울 아침 물금역은 고단한 입김을 뿜어낸다

금정산 바람은 철길 아래 늦겨울을 조여 오고

잘려 나간 산허리를 타고 온다던 봄이 언제일지

얼어버린 손으로 철근을 얽고 합판을 잇고

딸아이 꿈이 첼리스트라던 황 씨는 휘파람을 잘 불었고

박 씨는 가족들과 저녁 외식 한번 해보는 게 꿈이라고 했다

한 땀 한 땀이 누군가의 내일이 될, 아직 다지지 못한 흙길 위

동박새 한 마리 내려앉더니 겨울을 쪼는 듯 부리질이다

〉

　날개 없는 이들이 계절을 건너기까지 손짓은 얼마나 필요한지

　동시에 손을 멈추고 날아가는 동박새를 바라보는 겨울 사내들

태종사 출사를 기다리며

다가오는 금요일
아침 안개가
수국의 숨결 사이로 스며들기를

꽃 속에 숨어드는 사람들
해안도로 안개를 가르는 사람들
머물다 떠나는 뒷모습 같은
흐릿한 여운에 초점을 맞추고

태종사 옆길 휘늘어진 나무 아래
걸망 진 스님의 그림자 희미해질 때
그 걸음의 무게 또한 담아야 할 것이다

아침은 한 컷의 멈춤으로 부를 수 없다

사람들의 웃음이
꽃잎처럼 모여드는 아침은

얼마나 환할까

안개가 웃음을 가리지 못하듯이
금요일은 오늘과 다른 아침이기를

탈상

고향 집 뒤란 광에서
녹슨 자전거를 꺼냈다

그늘 속에서 먼지가 흩어져 따라온다

바람 빠진 타이어에 공기를 넣고
휘어진 젓가락 같은 바큇살 사이로
여린 감꽃이 툭 떨어진다

체인을 걸고 페달을 밟으니
지팡이에 기댄 아버지처럼 뚜벅거리며 일어선다

길 위에 선 아버지와 걷는다
무릎이 풀린 걸음마다
헛발을 딛고
비틀거리며 걸어가는 뒷모습
그 위로 뻐꾸기 한 마리 날아간다

〉
이쯤에서 쉬자
들길에 핀 민백미꽃 곁에서
바위에 기대앉은 아버지

뼈마디 드러난 무릎을 매만진다
주름진 손 위에 내 손을 포개신다

움켜쥐어도 움켜쥐어도
앞산 넘어간 뻐꾸기 울음
메아리로 되돌아오지 않는다

시간을 지나는 마당

사립문 안으로 밀고 들어온 노을 한 자락
개망초꽃 위에 살며시 내려앉았네

남천 잎새 울타리
외할머니 손끝 스쳐 가면
마당 장독들이 연지를 노을빛에 찍고
마중물 담긴 대야에 초사흘 달 떠오르네

아버지 먼저 가시고
어머니 따라가시고
셋째 누님, 큰 누님 순서 없이 간 곳

알던 얼굴
모르는 이름들
저승 하늘에 하나씩 박혀
오늘도 노을에 붓질하며
빛깔을 더욱 짙게 하시네

〉
외할머니 쉬시던 뒤뜰
망초꽃도 노을빛에 등을 눕힐 때

백구 울음소리는 먼 바람 속으로 흩어지고
마당엔 고요만 남네

파리 여행

배 불룩한 똥파리 한 마리
부전역 맞이방을 맴돌다가
스토리웨이 편의점을 기웃거린다

부전시장의 어물전 비린내에 취하고
순댓집에 들러 순대 포도 핥아보고
이리저리 돌다 족발집 기름진 육질을 맛보고
과일 가게 좌판에 싱싱한 바나나를 툭 차보더니
껍질에 날개를 털어낸다

돌고 돌다 지겨워졌는지 눈길을 돌려
광장 에스컬레이터에 몸을 맡긴다
콘코스 끝자락에 닿았지만
아직 기차는 그의 것이 아니다

맞이방 저편 여기저기서
작은 발톱으로 시간을 긁어보며 투덜거리다

노숙인 김 씨의 등에서 같이 낮잠을 즐기더니
배가 고파진 오후
편의점 건너편 파리바게뜨의 소금빵 위에
궁둥이를 붙이며
가부좌를 튼다

무전여행은 아직 끝나지 않았다

학춤에 물든 금정산

주홍부전나비가 떠오르는
민속예술관 마당
접었던 날개를 펼치며
학이 날아오른다
한 마리
두 마리 세 마리 네 마리

바람 속을 가르며 춤을 짓는다
머리를 맞대고
날개를 비비며

뛰었다

굽혔다

날았다
〉

앉았다

모였다가 흩어지고
다시 한 몸처럼 이어지는 춤사위

깃털 속으로 해그늘 스며들 때
둥지를 품던 어미가 그랬듯이

학이 날아오른다
훌쩍훌쩍
하늘을 짚으며 솟구친다

흐린 영락공원에서

친구 아버님을 보내는 자리
사는 일과 죽는 일에 대해
나는 일부러 말을 섞지 않았다

오랜만에 보는 동창들
나이 든 누이들
흰머리가 성성한 친구의 어머님
죽음 앞에 모인 문상객 속에서
속말을 누르듯 소주를 마셨다

누가 오는지 가는지
알 듯도 하고 모를 듯도 한
뒤엉킨 눈인사로 안부를 나누고

읽을 수 없는 길에 멈춰
속말은 왜 아무리 마셔도 취하지 않는지
한참을 생각하지만

〉
가을 병에 시달리던 나는
기차를 타고 싶었을 뿐인데
흔들리는 소리에 나를 숨기고 싶었을 뿐인데

4부

초야

느낌표 받아둔 가슴에도 멍이 들까

그녀

긴 머리 찰랑이며 캔버스에 오후의 바람을 선으로 묶던 사람

어디서 왔는지 어디로 향하는지 알 수 없지만 눈빛에 나를 가둔 사람

밀감 두 개 자판기 커피 두 잔을 인사 대신 나눈 사람

이름도 모른 채 짧은 고개 끄덕임이 전부였던 우리

마른 오후가 더 이상 마르지 않도록 붓에 물을 많이 적시던 사람

기차가 들어올 때마다 손으로 눈을 가리던 사람

약속 없이 왔다가 약속 없이 사라진 사람

열쇠 없는 방

동해선 환승은 끝난 지 오래

하늘엔 열두 살 나
지하엔 어린 왕자

만나지 못하는 얼룩

비워놓은 시간

소란스러움을 비켜
꽃잎 수다분 웃는 시간에
도란도란 네가 왔으면 좋겠다

먼 곳에서 다가오는
발걸음 소리 먼저 듣고파
내 귀를 동구 밖에 걸어 두었으니

동박새 노랫결에 자목련 꽃을 피우고
시냇물 속삭이는 다정을 나누며
수서해당화 꽃잎 사이사이
웃음 가득 차오르게

숲속 산장으로
찰랑찰랑 네가 왔으면 좋겠다

분홍 원피스 살포시 날리며

설유화 빛 감도는 오솔길 따라

빨간 자전거 타고
들녘 아지랑이처럼 왔으면 좋겠다

가을 사람

기차 여행 중
핫초코 맛이 나는 시집을 읽을 때
문장 속에서 걸어 나온 사람

가벼운 옷차림으로
단풍처럼 붉은 얼굴 내밀며
읽고 있던 단어들 사이로 스며들어
옆자리에 앉은 사람

차창 밖 자작나무숲에 자작자작 햇살 내리듯
여러 풍경이 지나가도
모음 하나하나 주워 웃음으로 말 건네는 사람

펼쳐 든 시집 어깨 너머 보더니
왼쪽 보조개만으로 미소 짓는 그 사람

플랫폼 벤치에 남겨진 가을처럼

악수도 없이 인사도 없이
남은 풍경 뒤로 자꾸 떠오르는
이름은 말하고 싶지 않은 사람

손끝에 닿지 않는 낙엽처럼
있는데 없는 사람

모래 그림

덕포 해변*에 있었지
썰물 자리 모래가 남긴 그림 속에서
나무 한 그루가 자라났어

광안리 해변을 걷던 여인은
모래톱에 비밀 몇 개 파묻었다는데

바닷새 발자국을 좇아가면
속 이야기 아직 그대로일까

머금었던 물 빠지면 그림이 되는 이야기를 알아

지워도 다시 그려지는 이름처럼
덕포 해변의 나무와 광안리의 발자국처럼

덮는 건 지우는 것과 다르지
사라질 듯 다시 피는

우리처럼

덕포 나무 그림처럼

* 거제시 덕포동에 있는 해변으로 모래가 만든 그림을
  볼 수 있다.

기다릴게요, 나사리에서

나사리 바닷가에 가 있을게요
그대는 뭉게구름에 몸을 싣고
윤슬 가득한 파도 위로
괭이갈매기처럼 날아오세요

해무가 밀려오면
안개는 우리를 포개고
시간을 조용히 감출 거예요

배고프면 말해주세요
나사리 가는 길 문토스트에서
따뜻한 치즈 토스트를 챙길게요

길을 잃을 걱정은 하지 말아요
해풍이 그대를 데려올 테니

밤이 찾아오면

나사리 등대에 불 밝힐게요
그 빛이 바다로 가는 길을 비출 테니까

나는 여기에 있을게요
바람에도 흔들리지 않는
등대의 불처럼 서서
기다릴게요

흐르는 종착역

예전 밀양을 만나러 가는 길

물금역을 지나 원동
찔레꽃 지고 또 피고

밀양강 솔숲에
하얀 바람 한들거리면
꽃길 사이 먼저 나와 있을까

차창에 그려 본 강변 의자
이제는 같이 앉을 수 있을까

밀양역 정차 방송에 사람들 내리고
남은 건 옆좌석에 기댄 내 그림자

저만큼 멀어져 가는
또 하나의 얼굴

봄비 오는 날

봄비가 내립니다

당신과 마주 앉았던 작은 술집도 젖고 있겠지요

술잔에 오래된 유행가 가사를 섞어 마시던 그날을, 봄비가 지웁니다

발자국도 노랫소리도 가늘게 지워집니다

길도 아닌데 길이 되어버린 그날을, 봄비가 닦아냅니다

비에 젖은 얼굴만 자꾸 진해집니다

착각

멍에실로* 이슥한 삼거리
도로 위로 하얀 물체 하나 또르르 걸어간다

잠시 머뭇거리며 가는 것이 쥐인가 싶어
흐린 불빛에 눈 찡그리며 살펴보니
꾸겨진 비닐장갑 한 짝이었다

담장 넘어
고양이 한 마리 등장하자
중앙선 위에서
시침 떼고 멈춘 저 장갑

바람 불어 굴렀을 테지만
야심한 이 밤
뒤돌아보며 두리번거리는 모습이
영락없이 쥐로 보인다
〉

어찌 될까 어찌 될까?
납작 엎드린 쥐처럼 우리도 한때
고양이를 피해 다니던 때가 있었는데

* 경상남도 밀양시 가곡동 가곡교차로에서 출발하여
  연화사에서 끝나는 도로.

영도다리

 남해를 발끝에 두고 봉래산 할머니의 치맛자락을 스치며 누워 지냈다

 푸석푸석 녹스는 속살에도 갈매기는 날아들고

 섬과 뭍을 이으며 견뎌왔던 짐보따리보다 무거웠던 걸음들

 여길 지나던 누구라도 질긴 파도를 헤아리고 있겠지

 남쪽 바다란 얼마나 멀리를 말하는 걸까

 때 낀 유리창에 간판 기울어진 상점은 어느 방향을 보고 있는지

 짠물 스미도록 말없이 등을 내 준 영도다리, 47년 만에 다시 움직인다

〉
섬사람과 뭍사람을 다시 잇는다, 우리처럼 다시 잇는다

꽃은 이렇게 핀다

목련꽃이 피는 것은
누군가 얼굴을 기댄 적이 있기 때문이지

꽃잎 위에 휘파람새 앉아
얼굴을 비빌 때 향기가 퍼져가지

가지에 꽃이 피는 건
얼굴의 온기가 건너가는 것

어머니 오래 보던 거기부터
누이 닮은 꽃 피어나지

다시 여기부터

가끔은 어느 봄날 연분홍 꽃바람처럼 언덕 너머로 흩날리고 싶다

아침 새소리 주머니에 담아 만나는 사람마다 나눠주고 싶다

뒤섞여도 좋은 물감으로 하루를 채색해도 상관없는 그림이고 싶다

간이역 벤치에 앉아 누군가 기다리는 정물이 되고 싶다

쓰려던 말들이 번진 잉크처럼 멀어져도 펜을 쥔 손은 따뜻했으면

가방 하나 짊어지고 길 위에 선다, 처음으로 너를 향하는 발끝

해설

쉼과 멈춤 사이에 어울리는

최은묵(시인)

　무채색은 채도가 없다. 간결하면서도 묵직하다. 현란하지 않고 진지하다. 그래서 흑백으로 존재하는 기억은 시간이 지나도 무게가 그대로이다. 멈춰버린 과거의 어느 시점을 무엇이라 명명해야 그들의 무게를 감당할 수 있을까? 가볍거나 무겁거나 상관없이 밝음과 어두움으로 기억되는 것들은 대개 독특한 충격을 수반한 경우가 대부분이다.
　삶의 서사는 어떠한 방식으로든 표출되기 마련이다. 누군가에게는 그저 흐르는 이야기일 뿐이고 누군가에게는 다 지나 소용없는 타령일 수도 있겠지만, 분명 어떤 이는 이전의 기억에서 새로운 가치를 찾아 이후의 방향으로 이어가기도 한다.

기억을 물리적 과거로 정의하는 것은 단순하다. 기억은 현재에도 끊임없이 재생되고, 끊임없이 각색되고, 미래의 방향성을 내포하며 진화하고 있다. 그리고 그것은 소환되는 시기에 따라 미묘하게 다른 감정의 차이를 드러내기도 한다. 그렇다면 누군가는 그림으로, 누군가는 음악으로, 누군가는 문학으로, 그렇지 않고 혼자 쓰는 일기처럼 은밀한 세계에 자신의 서사를 풀어 내거나 종교를 통해 명암에 근접하려는 까닭은 무엇일까?

개인적 화두에 그치지 않는 서사가 어떤 울림을 지닐 때, 그리고 재해석을 거쳐 창작으로 자리하는 방법으로 화가는 붓끝에 마음을 싣고, 작곡가는 음표에 마음을 얹고, 시인은 언어에 마음을 내린다.

시는 단순한 글자와 글자의 조합이 아니라 낱말 사이의 커다란 여백을 만들기 위해 덜어내고 비우는 과정이다. 그 비움의 끝이 백(白)이어도 흑(黑)이어도 상관없다. 시적 세계는 현상을 통해 근원에 닿으려는 물음일 뿐 끝점에 당도할 목적이 아닌 까닭이다.

이렇게 볼 때, 노병희 시집 『그래서 흑백』이 채도 없이 명도만으로 시적 언어를 취하려는 몸짓은 눈여겨볼 지점이다. 그의 목소리가 파장보다 깊이를 취하고 있는 까닭

또한 무채색에 시 세계를 얹고자 무던히 침묵한 결과일 것이다. 시인이 자신의 삶에 빗대 세계를 확장하고 그 세계를 공유하려는 일은 타당하다. 단편적으로 볼 때 이것은 한 명의 삶을 돌아보는 일이겠지만, 문학적으로 볼 때 과거로부터 현재에 이르기까지 아울러 미래의 방향까지 함께 고민할 수 있도록 시적 갈등의 자리를 제시하고 있다는 점에서 가치 있다 할 수 있다.

비틀린 모서리에 달빛이 닿아도 둥글어지지 않았다

닳는다는 건 몇 겹 껍질을 벗어내는 일이겠지

흙길을 구르고 물길에 쓸리고 계절에 튕길 때마다

먼저 가신 아버지, 왜 등이 둥글어졌는지 알 것만 같은데

모난 곳 조각난다고 가벼워지는 건 아니겠지

등이 무거워져 둥글어질 수도 있는 거겠지
―「모난 돌」 전문

「모난 돌」은 시인으로서의 노병희가 품고 있는 화두로 들어서는 입구이다. 삶의 지근에서 만나는 숱한 부딪힘에서 어떤 자세를 지니는가는 개인으로서도 시인으로서도 무척 중요한 가치이다.

둥글다는 것은 감싸 안는 자세일 수도 있지만, 보다 구체적 행위는 바깥쪽을 내어주는 일이다. 이것은 단순한 외형의 변모가 아니라 내적 발산을 이미지로 전환하려는 몸짓이다. 아버지가 되어서야 "먼저 가신 아버지, 왜 등이 둥글어졌는지" 속마음을 느끼는 것처럼 모난 것이 둥글어지기까지 시간의 누적은 필요충분조건일 수밖에 없다. 그러므로 노병희에게 둥글어진다는 건 "닳는다는" 것이고, "닳는다는 건 몇 겹 껍질을 벗어내는 일"인 셈이다. 나를 드러냄에 있어서 "껍질"은 형식과 체면과 타자의 시선을 의식하는 몸짓이다. 이것을 벗어내는 일은 꾸며진 삶을 지양함과 동시에 시적 대상을 온전히 바라보고 가야 할 시인의 가치에 부합한다고 볼 수 있다.

그러므로 둥글어진다는 건 시인 이전의 노병희가 시인 노병희에게 바통을 이어 넘기는 행위이며, 시인으로서의 목소리가 어떤 출렁임을 지녀야 하는지 다른 각도에서 풀어야 할 숙제이기도 하다.

나를 보호하고 지켜내는 일보다 타인에게 해를 입히지

않는 마음은 공동체에서 꼭 필요하다. "달빛이 닿아도 둥글어지지 않"는 모서리의 방향은 바깥쪽이지만 모서리로 인해 긁히고 찢기는 게 언제나 밖은 아니라는 것을 노병희 시인은 알고 있다. 밖을 향한 것이 안을 건드릴 때의 통증은 보이지 않아 그것은 오롯이 혼자 감당할 고통이란 것도 알고 있다. 아버지의 등이 왜 둥글어졌는지 깨달았을 때야 비로소 둥글어지기 위한 조건이 외부가 아니라 내면에 있음을 찾아낸 것이다.

하지만 문제를 찾았다고 해법을 얻은 것은 아니다. 시는 답에 이르는 예술이 아니기에 시인이 품은 시적 갈등은 순간순간이 다른 무게를 지닌다. 이것을 어떤 목소리로 말하는가, 어떤 깊이로 살피고 빠져드는가에 따라 시인의 색깔이 달라지고 고유한 세계로 결부되기도 한다.

이른 빛은 어디로 가는 걸까

겨울 다대포에 가면 나를 찾을 수 있을까

내 그림자도 살얼음 건너 새벽으로 퍼질 수 있을까

비틀린 가지 동백처럼 나도 다시 표정이 될 수 있을까

오래 잠들어 깨지 않을 것만 같은

내가 모르는 나의 걸음들은
　　　　　　　　—「잃어버린 나를 찾아서」 전문

"겨울 다대포"라는 시공간은 노병희 시인의 내적 갈등에 조금 더 가까워질 수 있는 곳이다. 더불어 다대포와 접목된 겨울이라는 상징성에서 살펴보면 "나를 찾을 수 있을까"라는 고뇌가 삶에 머무르지 않고 그 너머의 세계로 뻗으려는 실천적 갈등임을 확인할 수 있다. 삶의 언저리에 있는 사물에 사유를 얹는 일은 쉬운 듯 쉽지 않다. 마음이 온통 겨울인 화자가 찾고자 하는 이상은 살얼음을 깨고 피는 동백 같은 존재일 것이다. 시인의 내면과 사물의 속성이 부딪치는 어딘가에서 발생하는 비유와 상징은 결국 시인이 평소 품고 있는 갈등을 실체적 이미지로 전환한다. 그러므로 "겨울 다대포"에서 시인의 걸음은 "이른 빛", "그림자", "살얼음", "새벽", "비틀린 가지" 등으로 묘사되며 '잃어버린 나'의 모습이 어디쯤에서 아슬하게 동작하고 있는지 충분히 느낄 수 있다.

그럼에도 아직 시인이 지닌 갈등의 구체성이 무엇인지

눈으로 확인하기는 어렵다. 노병희 시인이 흑백의 시선을 통해 찾으려는 세계의 목소리는 어디쯤에서 만날 수 있을까?

화려하고 눈부시고 눈길을 끄는 유채색의 매력은 단정 지을 수 없을 정도로 범위가 넓다. 그런데 채색 없는 흑백에 더 깊이를 느끼는 까닭은 빛의 정도로 세상을 전달하는 단순함 때문이기도 하다. 이러한 접근으로 시인이 찾고자 하는 "내가 모르는 나의 걸음들"을 함께 살펴보는 것도 의미 있지 않을까. 어쩌면 이런 시도가 노병희 시인이 『그래서 흑백』을 내놓은 이유 중의 하나일지도 모른다.

시집 안에는 구체적 서사를 배제한 채 상징과 사유로 풀어놓은 목소리도 적지 않다. 그런 시편들은 차후 기회에 살피기로 하고, 우선은 조금 더 이미지가 짙은, 그래서 목소리를 보다 느리게 들을 수 있는 시를 펼쳐보기로 한다.

백양산 자락 강물에 산그림자 눕고

그 강물에 고무신 흘린 누나는 맨발로 눕고

누나 손 잡고 강변을 걷던 어린 날은 눕지 못하고
　　　　　　　　　　　　　―「섬진강 누나」 전문

노병희 시인이 시집에 호명한 사람은 다양하다. 그중에서 가족은 변색 없이 남은 흑백 중 하나이다. 감정이 증발하지 않은 상태에서 옛일을 이야기하는 것은 자칫 자신의 감정에 매몰될 우려가 있음에도 노병희는 무덤덤한 목소리로 옛일을 풀어놓는다. 세세한 터치가 없어도 어디쯤에서 명도를 바꿔야 할지, 또 어디쯤에서 흑과 백을 섞고 나눠야 할지 시인의 손끝에서 펼쳐지는 이미지는 넓으면서도 깊다.

내용으로 볼 때, "누나"에 대한 화자의 기억은 강변에서 멈춰있다. 그때 무슨 일이 있었는지 더 세세한 사연을 알 수는 없지만 연마다 반복되는 "늪고"라는 낱말과, 2연의 "흘린"이라는 말에서 정황을 유추할 때 백양산 자락 섬진강에서 누나에게 어떤 사고가 발생한 것으로 보인다. 상징적으로 다시 보면 "강물"은 생과 사를 가르는 경계로 작동하고, "고무신 흘린" 모습은 생의 마지막 순간을 연상하게 한다. 그리고 이런 이미지는 고무신 신고 함께 강변을 뛰놀던 어린 시절을 회상하는 정도의 두께가 아니라, 한 컷의 흑백으로 저장된 두터움임을 짐작하기에 부족하지 않다.

이 시는 각 행이 각기 다른 질감을 지니고 있다. 어쩌면 시가 짧아서 더 여운이 길게 남기도 하는데, 분리된 장면이면서도 끈적이게 연결되는 이미지가 3연에 이르러 화자의 갈등을 최대로 증폭시킨다. 산그림자 누운 곳에 맨발로 누운 누나, 그 기억을 무심히 강물로 흘려보낼 수 없는 화자에게 강변은 더 이상 아름다운 풍광이 아니라 통증의 배경일 뿐이다.

  시는 감정의 직접적 표출을 억누르고 담담해질 때 울림이 발생한다.「섬진강 누나」는 비움으로써 채우는 무음의 언어를 가져왔다. 비우고 또 비우는 동안 강변을 뛰놀던 어린아이의 목소리를 벗고 시인의 목소리를 익혔을 노병희에게 가족은 시인으로 사는 데 어떤 영향을 가져왔는지 조금 더 살펴보기로 하자.

    차림은 있으나 채우지 못한 마음들이
    모서리마다 걸터앉아 있다

    향 연기 속으로 잦은 기침 소리가 스며들고
    술잔 가장자리에 묵은 시간이 겹친다

    해마다 술상을 차려내도
    빈자리는 덮지 못하고

나는 괜스레 아버지 헛기침을 흉내 내지만

따뜻한 국 한 사발
속 깊은 찬 하나를
저 너머로 보내지도 못하는

—「기일에」 전문

"고향 집 뒤란 광에서/녹슨 자전거를" 꺼내 탈 수 있게 매만지면서 "아버지"를 떠올린 「탈상」이 절제된 감정으로 기억을 불러냈다면, 「기일에」는 그보다 더 응축하고 비운 목소리로 아버지를 호명한다.

아버지 기일에 다 모이지 못한 자식들의 빈자리와 아버지를 위해 술상을 마련했지만 아버지 없는 빈자리가 겹치는 장면은 고요하다. 이 고요함에 파장을 일으키는 건 겨우 "괜스레 아버지 헛기침을 흉내" 내는 게 전부다. 헛기침은 비어 있음을 설명하지 않고 보여주기 위해 고른 아버지의 모습이며, 사실 이런 사소한 몸짓 하나가 시를 단단히 지탱하는 힘이 된다.

노병희의 시가 지닌 장점은 애써 말하지 않고 애써 힘을 주지 않고 말을 덜어내고 참음으로 울림의 공간을 만들어 낸다는 점이다. 대개의 서정시가 넓음보다 깊이를 추구하고 채우기보다 비우려는 자세를 취한다는 점에서 노병희 시집 『그래서 흑백』은 서정의 고유한 맛을 은근하게 느낄 수 있다.

"술상을 차려내도" "덮지 못하"는 자리는 특정한 개인이 아니라 부모를 보낸 모두의 경험이다. 그런 자리는 멀리 있지 않고 삶의 주변에 가득하다. 흔하지만 누구나 공감할 수 있는 자리, 거기에서 자신만의 소리를 만들어내는 것이 시인의 역할이라면 노병희의 언어는 일상에서 크게 벗어나지 않고도 얼마든지 깊고 잔잔한 목소리를 낼 수 있음을 확인시켜 준다.

"따뜻한 국 한 사발/속 깊은 찬 하나를" 보내지 못하는 "저 너머"가 어디인지는 누구나 알지만, 아는 것에 그치지 않고 언어로 발화하기까지 노병희가 찾아야 했던 건 자신만의 색깔로 시의 소리를 꺼내는 방식이었을지도 모른다. 그러한 여정에 누나나 아버지처럼 가까운 사람도 있고, 생활에서 마주치는 이웃도 있고, 노동자도 있고, 인연이 없지만 외면할 수 없는 삶도 다양하게 만났을 것이다.

시인은 그들과 구분되는 존재가 아니라 그들과 어울리고 그들과 대화하고 그들과 나누는 숱한 주변 중 하나이다. 다만 시인은 마음으로 듣고 체온으로 말할 줄 알아야 한다. 그러기에 노병희 시인이 바라보고 말하려는 세상은 특별하지 않다. "횡단보도를 건너며 치켜든 어린아이의 손"이나, "파지를 잔뜩 싣고 가는 할머니의 수레"나, "도로에서 비질하는 청소부의 새벽", "지친 몸으로 마지막 열차를 기다리는 걸음", "길에서 신발 끈을 다시 묶는 노인의 더딘 몸짓", "밤늦은 골목길 자식을 기다리는 엄마의 조바심"처럼 "평범한 사람들"(「지켜주고 싶은 것들」)의 이야기이다.

"단단히 배탈이 난 아내를 데리고 새벽 응급실을 다녀"온 후, 흰죽을 끓이는 동안 "아내의 중심에 닿지 못한 채 맴돌기만 했던" 날을 돌이키고, 쌀알이 물러지는 모습과 흰죽을 떠먹는 아내의 모습에서 "눈물에만 물러지는 게 아니라 웃음에도 물러질 수 있다는 걸"(「흰죽」) 알아가는 것 또한 시인으로서의 노병희가 매만지고 살피고 지켜주고 싶은 평범한 주변의 모습 중 하나이다.

이처럼 평범한 사람들과 평범한 서사에서 평범하지 않은 깊이를 찾기까지 시인이 지속적으로 고민했던 부분은 "나의 걸음"을 어떻게 그들에게 접목시킬 수 있느냐에 대한 부분이었을 것이다. 그렇다면 결국 노병희 시인이 찾으려던 '잃어버린 나'는 시인으로서 살아야 하는 방향성과 동일하다고 봐도 무방할 것이다.

겨울 아침 물금역은 고단한 입김을 뿜어낸다

금정산 바람은 철길 아래 늦겨울을 조여 오고

잘려 나간 산허리를 타고 온다던 봄이 언제일지

얼어버린 손으로 철근을 얽고 합판을 잇고

딸아이 꿈이 첼리스트라던 황 씨는 휘파람을 잘 불었고

박 씨는 가족들과 저녁 외식 한번 해보는 게 꿈이라고 했다

한 땀 한 땀이 누군가의 내일이 될, 아직 다지지 못한 흙길 위

동박새 한 마리 내려앉더니 겨울을 쪼는 듯 부리질이다

날개 없는 이들이 계절을 건너기까지 손짓은 얼마나 필요한지

동시에 손을 멈추고 날아가는 동박새를 바라보는 겨울
사내들

　　　　　　　　　　　　　　　—「겨울을 견디는 이유」 전문

　시집에는 여러 역이름이 자주 등장한다. 몇몇 시편에서 살펴볼 수 있듯이 노병희 시인의 일상은 열차와 밀접하게 관련되어 있다. 그곳에서 만나는 노동자들의 삶은 소박하다. "딸아이 꿈이 첼리스트라던 황 씨"나, "가족들과 저녁 외식 한번 해보는 게 꿈이라"는 박 씨는 노병희 시인이 세상 어디에 눈길을 내리려는지 선명하게 보여준다. 황 씨나 박 씨는 수많은 소시민을 대신해서 부르는 이름일 뿐, 노병희가 눈여겨보는 대상은 "동박새를 바라보는 겨울 사내들"이며, 그가 꿈꾸는 시 세계는 평범한 사람들과 함께 채우는 "봄"의 세상일 것이다.

　하지만 현실에서 봄은 여전히 멀고, 아침부터 함박눈 쏟아지는 역 작업장에서는 철근공과 형틀공과 굴삭기가 눈바닥을 헤치며 입김을 뱉고, "제 몸에 물길 내며 떠났던 낚싯배" 돌아와도 바다로 떠난 "춘식이"(「시월 그믐」)는 영영 돌아오지 못한다.

　앞서 「잃어버린 나를 찾아서」에서도 읽었지만, 노병희 시집에 "겨울"이 잦은 건 겨울이 지닌 상징성 때문이다. 느

긋하게 설경(雪景)을 느낄 새도 없이 현장에서 삶을 디뎌야 하는 사람 중에는 시인 자신도 있다. 몸으로 만들어 낸 이미지는 여전히 굵고, 기다리고 기다려도 오지 않는 봄을 또 기다려야만 하는 소시민에게서 동질감을 느끼는 것은 당연하다. 그러니 지켜야 하고 지켜주고 싶은 것들을 위해 입김을 쏟으며 겨울을 견뎌야 하는 사람들과 어울리며 노병희는 자연스럽게 몸으로 시를 쓰는 법을 터득했을 것이다. 이런 시는 진솔하고 담백하며 꾸밈이 없고 공간이 크다. 나를 거쳐 타자에 이르기까지 스스로를 달구고 담금질하는 여정 모두가 시적 몸짓이 되고 싶은 마음은 결코 욕심이 아니다.

동대문시장 골목 작은 식당, 익숙한 듯 낯선 얼굴들 겹겹의 소음 속에 나만 고요해진다

소주 한 잔 시킬까? 유혹이 목울대를 타고 오르는데 잔기침 쿨럭이며 괜히 가슴을 두드려 본다

서울에 왔으니, 한 잔쯤이야 괜찮지 않을까? 고기 굽는 연기처럼 불규칙적으로 피어오르는 유혹에

가라앉지 않는 허기의 이유를 술로 녹일 수 없다는 걸 알지만 소주 한 병과 잔 두 개를 주문한다

　　식당 창문에 반사된 누군가의 그림자가 쓸쓸해 보였기 때문이라고, 혼자 앉은 식탁 앞자리가 허전했기 때문이라고

　　내 앞에 잔 하나, 맞은편에 잔 하나, 마시지도 않았는데 술잔에 담긴 빛 흔들림에 취해버리고 까닭 없이 잔기침만 쏟아지고
　　　　　　　　　　　　―「혼술, 서울의 불빛 아래」

작위적인 배려는 어색하다. 하지만 몸에 스며 저절로 나오는 움직임은 진솔하다. "동대문시장 골목 작은 식당"에 혼자 앉아 화자가 일부러 내려놓은 "맞은편에 잔 하나"는 누굴 위한 술잔이었을까? 사실 노병희의 시에서 함께 술잔을 나눌 누군가를 굳이 특정할 필요는 없다. "맞은편에 잔 하나"는 누나를 위한 잔일 수도 있고, 아버지를 위한 잔일 수도 있고, 함박눈을 맞으며 일을 하는 노동자를 위한 잔일 수도 있다. 시집 곳곳에는 잔을 마주 놓을 수 있는 사람들로 가득하다. 타지에 와서 혼자 밥을 먹고 혼자 술잔을 채우지만 결코 혼자가 아닌 이유는 그들이 있기 때문이다.

온 세상을 다 다닐 수도 없고, 몸으로 가슴으로 만날 수 있는 사람들은 한계가 있고, 기억하고 호명해야 할 이들도 아직 많으니 "가라앉지 않는 허기의 이유"야 말로 부르고 싶고 불러야 하는데 채 그러지 못한 이름에 대한 갈증인 셈이다. 그들을 위해 맞은편에 술잔 하나를 채우는 일은 몸으로 시를 실천하는 행동이다. 아직은 마음으로만 불러야 하는 이름들, "식당 창문에 반사된 누군가의 그림자"처럼 채 마르지 않은 이름들, 글자가 되지 못한 수많은 이름은 언제쯤 시가 될 수 있을지.

해마다 술상을 차려놓고 아버지를 기억하듯이 시인은 언제라도 그들과 재회하고 기꺼이 그들의 목소리를 전할 준비를 한다. 그리고 그것은 개인을 넘어 공동체가 함께 고민할 영역으로 분화되길 바라고 있다.

눈이 다시 광장에 내립니다
서늘한 입김 사이, 구호는 잠시 멎고
정렬된 대오 위로 피켓만 흔들립니다

〈살고 싶다〉는 글자가 얼룩으로 번지고
어깨띠에 내려앉은 눈송이가
젖은 천처럼 무거워 보입니다

김 씨는 이름을 잃고 사번만 남았습니다
그의 발자국은 눈 속에 사라지고

맞잡은 손이 하나둘 풀려도
닳아빠진 신발 위 눈송이가 꽃으로 보이는 건
해맑은 김 씨 얼굴이 떠오른 까닭만은 아닐 겁니다

일 년이 지났습니다
천막 안에는 주인 없는 향이 가물거리며 타고
길 건너 구호에도
정규직 명찰을 달지 못한 채 떠난
김 씨의 목소리는 이제 들을 수 없습니다

한겨울에도 얼지 않는 그림자가 있다는 걸
오늘 처음 알았습니다

우리는 김 씨의 그림자를 나누어 이마에 두르고
다시 새벽을 일어서야 합니다
      —「비정규직 김 씨 1주기」 전문

비정규직으로 살다가 "이름을 잃고 사번만 남"은 김 씨의 1주기 집회에서도 시인의 시선은 여타의 시편에서 보여줬던 세계와 다르지 않다. 다시 말하자면, 타자를 품으려는 시인의 몸짓은 관망이 아니라 어울림의 행동이며 이때 발생하는 온도야말로 노병희의 시가 스스로 호흡하는 동력인 셈이다.

시인이 바라보는 대상에는 시인의 마음이 투영된다. 그러므로 시인이 어디를 어떻게 바라보느냐에 따라 시적 대상의 목소리도 달라진다. 「혼술, 서울의 불빛 아래」에서 "식당 창문에 반사된 누군가의 그림자"는 「비정규직 김 씨 1주기」에서 "한겨울에도 얼지 않는 그림자"와는 분명 다른 실체이다. 그럼에도 서로 다른 그림자에서 묘한 동질감을 느낄 수 있는 까닭은 그림자로 명명된 대상의 본질적 세계가 일치하기 때문이다.

내면의 음영을 알아채는 것은 시인에게 의미 있는 요소이다. 눈이 내리는 광장에서 피켓을 들고 서 있는 노동자들의 목소리가 어디로 향하는지, 천막 안에서 피는 향이 얼마의 무게를 지니는지 알아채는 것도 마찬가지다.

시집 『그래서 흑백』 속에 가득한 겨울은 결국 노병희의 화두를 품고 있으며, 동시에 그가 직접 겨울 안에서 겨울을 호흡하며 체득한 상징임을 보여준다. 마음의 겨울은 봄을 기다리며 견디기에 여전히 혹독하다. 외면하지 않고 응시하는 것을 넘어 몸을 부딪치는 동안 노병희의 시는 스스로 체온을 지니게 되었고, 그만큼의 온도는 혼자가 아니라 겨울 사람들과 함께 만들어낸 결과물이다.

'비정규직 김 씨'는 세상 대부분이 관심을 두지 않는 이들을 단숨에 수렴한다. 정규직과 비정규직처럼 직분이 신분이 되는 세상에 '김 씨'로 불리는 계층은 헤아릴 수 없이 많다. 이런 세상에서 시는 어떤 효용성을 지닐까? 왜 노병희는 '겨울'을 헤집으며 숱한 '김 씨'를 호명하는 것일까?

결국 시인이 찾고자 했던 '잃어버린 나'는 개인으로서의 노병희가 아니라 시인으로서의 노병희로 치환할 수 있는 모든 '김 씨'를 만나려는 시도였다고 봐도 무방하다.

시인은 시인으로서 책무가 있다. 누군가의 죽음을 세상 모두가 통증으로 받아들이지는 않지만, 시인이라면 "겨울 사내들"을 불러냈듯이 "김 씨의 그림자를 나누어 이마에 두르고/ 다시 새벽을 일어서야" 한다.

누나로부터 아버지로, 김 씨로부터 2022년 10월의 이태원에 이르기까지 노병희 시인의 시선은 과거를 환기하여 현재를 성찰하고 아울러 '봄'이라는 내일을 바라고 있다.

"무거워서 가지 못하는 이름과/가벼워서 보내지 못하는 이름과/기댈 수 없어 바닥으로 넘어지는 이름을"(「이태원,

멈추지 않는」) 기억하는 일은 사회적 책무다. 노병희의 시가 개인으로부터 사회로 확장되는 과정에는 더불어 되돌아봐야 하는 아픔이 내재되어 있다. 결국 한 명의 시인이 갖는 시 시계는 불쑥 만들어지는 게 아니라 삶의 영역에서 누적된 사상과 가치의 방향과 일치하며, 그것이 어떤 목소리로 어떻게 그려지느냐에 따라 울림의 공간도 다르게 만들어지는 것이다.

    보행기에 폐지 싣고 가다
    가로등 아래 멈춘
    할머니

    담요 같은 빛이
    굽은 등 그림자를 덮고 있다
    —「그림자의 무게」 전문

  노병희 시인이 거울이나 그림자처럼 비켜난 이미지에 유독 눈길을 얹는 까닭은 채도를 잃은 삶의 바탕에 깊이 마음을 둔 까닭일 것이다. 이것은 결코 단시일에 만들어지지 않는 가치이며 축적된 관찰과 오랜 고민의 흔적이다.
  "보행기에 폐지를 싣고" 가는 할머니의 모습은 주변에서 혼히 만날 수 있는 장면이지만, 가로등 아래서 잠시 멈춘 할머니를 바라보면서 "굽은 등 그림자를 덮고" 있는 "담요 같은 빛"을 발견하는 일은 쉽지 않다.

시와 삶은 다른 모습이 아니라 같은 모습이어야 한다. 언어로 삶을 속이는 시는 가짜다. 노병희의 시가 곳곳에서 다양하게 울림을 일으키는 이유는 시와 삶이 분리되지 않고 삶을 시에 녹여냈기 때문이다. 세상의 그늘지고 아픈 곳을 따뜻하게 바라보고 어루만질 수 있는 시선은 학습이 아니라 경험에서 기인한다. 소소하고 흔한 장면에서 자신만의 온도를 만들어내는 일이 지난하지만 그 또한 시인은 견뎌내야 하는 의무이다.

드러내지 않고 목소리를 만드는 일, 시적 대상을 표면에 두면서도 시인의 이데아를 겹치게 하는 사유는 기술로 해결할 수 없다. 사유는 겉으로 만나는 진동이 아니라 속에서 저절로 발생하는 떨림이기 때문이다.

지렁이 한 마리, 밤새 꽃 내린 길에 좌선하듯 말라 있다
—「꽃 공양 자리」 전문

노병희 시인이 타자를 응시하고 함께 고민하고 체온을 나눌 수 있었던 바탕에는 종교적인 영향도 있었을 것이다.

말라버린 지렁이의 모습에서 "좌선"을 겹쳐 읽거나, 그것을 '공양'이라고 명명할 수 있는 힘은 사소한 무엇 하나도 허투루 흘리지 않으려는 오랜 습관에서 발산한다. 무아(無我)와 공(空)은 본래 모든 사람에게 갖추어진 것으로 그것을 자각하고 깨닫는 일이 불교의 가르침이라고 볼 때, 노병희의 시가 지닌 종교적 색채는 그 끝에 다다르려는 목적이 아니라 일련의 수행이라고 봄이 타당하다.

다시 말해 노병희 시인의 종교적 시선은 일상의 삶과 궤도를 같이하고 있으며, 그것이 시로 자리를 옮길 때도 여전한 몸짓을 유지하고 있다는 사실은 무척 중요하다. 그러므로 '겨울'이라는 고리로 이을 수 있는 사람들, '그림자'로 묶을 수 있는 사람들, '모서리'의 사람들이 가진 세세한 사연이나 겉모습은 다르겠지만 내적 갈등의 측면에서 볼 때는 본질적으로 비슷하며, 분명한 점은 노병희의 시가 이들에게 항시 시선을 고정하고 있다는 사실이다.

말로는 닿지 못할 곳이 있다고 했다

손바닥을 맞댄 까닭은 언저리쯤이라도 스칠까 싶어서였다

기도처럼 살고 싶어서, 기도 없는 순간에도 잔잔히 가라

앉고 싶어서

풍경소리는 무얼 비워 저리 깊은지

끝날 줄 모르는 법문처럼 소리 너머의 소리를 향하는 울림

모은 손바닥에 땀이 돋다

맞대어야 체온을 느끼는 걸 이제야 알았으니 내 기도는 언제쯤 따스해질까

무음이 가닿는 곳이 어디인지, 입으로 뱉는 기도는 매번 무겁기만 한데

기도는 겨우 나 하나 지키는 방식이어서

숲에 부는 바람 소리에도 고개를 돌리고 마는 내가 연꽃의 향기는 까마득하게 멀고

―「기도」 전문

시는 도착이 아니고 과정이다. 그러므로 갈등은 당연하

다. 마찬가지로 기도는 무엇을 완성하는 행위가 아니라 수행으로 봐야 한다. 이렇게 볼 때 "기도처럼 살고 싶"다는 말은 겨울을 견디는 사람들과 따스함을 나누겠다는 실천적 자세로 접근해야 한다.

사실 모든 기도는 간절하다. 그 간절함이 어디로 향하는가는 사람마다 다르다. 시인에게 간절함이란 무엇일까? 그리고 노병희의 간절함은 또 무엇일까?

「지켜주고 싶은 것들」에서 노병희가 나열한 것들은 작고 연약하고 그늘지고 소외되고 세상의 관심에서 밀려난, 하지만 누군가에게는 분명 소중한 사람들이다. "그 속에 나도 있고/비어 있는 곳을 함께 채우고 있"다는 고백은 그들과 어우러져 기쁨이든 아픔이든 같이 소리하고 같이 나누겠다는 다짐이다.

바로 이것이 노병희의 시가 추구하는 구체적이고 실천적 방향이다.

"어떤 옛일은 한 줄로 쓰기에는 너무 커져서//말하지 못한 것들이 밖으로 번져서//구기지도 못하는 이름을 말없이 바라만"(「이름을 적지 못했습니다」) 보더라도 끝까지 그 이름을 놓지 않겠다는, 언젠가는 꼭 그 이름을 부르겠다는, 그 이름이 혼자가 아니라는 단단한 약속처럼 말이다.

병실 사물함에는 두유 약봉지 반쯤 남은 음료수 칫솔 물티슈 꽃병에서 떨어진 꽃잎, 그 옆으로 수액이 덩그러니 매달려 있고요

흑백은 쉼과 멈춤 사이에 어울리나 봅니다

살아온 이야기 하고 또 하고, 지치지도 않는 무용담을 채우기엔 병실이 너무 좁아 보입니다

5인실 8인실 침대 옆에 놓인 잡다한 것들이 살아 있음을 고백하는, 벽에 기댄 시간이 조금씩 기울어가는, 꽃 향보다 짙은 소독약 냄새가 살아온 모든 색을 지워버린,

그래서 흑백이었을까요?

―「ND400」부분

ND 필터(Neutral density filter)는 광량을 감소하여 적정량의 노출을 만든다. 빛의 양을 줄이면 그만큼 피사체를 사진에 담을 수 있는 시간이 길어진다. 셔터 시간이 길어진다는 건 물이나 바람처럼 움직임이 있는 피사체의 흐름을 기록할 수 있다는 의미이다.

노병희 시인은 왜 순간이 아니라 흐름을 보려 했을까? 「ND400」의 배경은 노인병원 병실이다. "살아온 이야기 하고 또 하고, 지치지도 않는 부용담을" 늘어놓는 노인들의 삶을 짧은 한 컷으로 담기엔 부족했을 것이다. 빛을 줄여서 시간을 확보하려는 ND 필터처럼 이야기를 줄여서라도 생의 흔적을 길게 옮기고 싶었을 것이다. 시작점보다 끝점이 더 가까운 이들의 삶을 몇 줄로 옮겨적는 일은 불가능하다. 그러니 서사가 아니라 느낌으로 접근하려는 시도는 온당하다.

　삶이란 알아채지 못할 만큼 느리게 채도가 줄어드는 과정이 아닐까. "소독약 냄새가 살아온 모든 색을 지워버린" 병실에서 음영만으로 삶을 반추하는 사람들. 어쩌면 그들은 어떤 카메라로 찍어도 흑백으로만 남을지도 모를 일이다. 다 비운 것도 아니고, 끝점도 아닌, "쉼과 멈춤 사이에 어울리"는 흑백은 오래전 기억으로부터 지금까지 끊임없이 노병희 시인 주변을 맴돌던 화두였음이 틀림없다.

　그러므로 이 시집은 온통 흑백으로 읽어도 좋다. 무게감으로 질감으로 그래서 마침내 흑과 백이 뒤섞여 어느 것이 흑이어도 어느 것이 백이어도 상관없는 세계를 느낄 수 있다면 노병희가 세상에 던지는 실천적 담론에 부응하는 셈이다.

노병희의 무채색에는 삶과 죽음의 모든 여정이 담겨 있다. 영락공원에서 친구 아버지를 보내는 마지막 자리도, 처서 다음 날 온천천변 평상에 앉아 두런두런 옛이야기며 가락이며 장단을 맞추는 동네 할미들도, 거제해맞이역에서 매일 만나던 주름 고운 할머니도, 부전역을 맴돌다 노숙인 김 씨 등에서 낮잠을 자던 똥파리도, 돌아갈 곳 마땅치 않은 장터 떠돌이들도 그의 렌즈를 벗어나지 못한다.

시인에게 죽음은 끝이 아니다. 기억으로 소환하고 되뇌어 그들의 소리를 옮기는 동안 모든 과거는 새로운 숨을 얻는다. 그것을 다시 '첫'이라고 말해보는 건 어떨까. 삶에서 모든 '첫'은 선명하다. 경험으로 얻은 이미지는 강렬하고, 또 그것은 어떤 자극으로 인해 수시로 재현된다. 지나가 버린 이전을 생생한 날것의 상태로 유지하기란 쉽지 않지만 그럼에도 채도가 스며들기 전의 밑그림처럼 어떤 현상의 근본이 되는 장면은 소멸하지 않는다.

말하지 않아도 전해지는 느낌처럼 흑백은 사람의 맨 아래 감정에 닿는 걸 도와준다. 채움보다 비움에 가깝고 비워낼수록 스스로 무게를 지니는 여백이기도 하다. 버릴 수 없는 물건이나 덜어낼 수 없는 헤어짐처럼 어두운 것도, 두근거리는 눈빛이나 비밀스러운 이름처럼 눈부신 것도, 새로운 장소나 새로운 경험처럼 각인된 것도 어느 시간 후

환기될 때 흑백의 모습을 띠는 것은 당연하다.

시인은 다시 "가방 하나 짊어지고 길 위"(「다시 여기부터」)를 걸어가려고 한다. 그의 머리 위로 "비둘기 두 마리/오늘을 파랗게 물들이려는지/엇갈리며 날아"(「갈등」)오르는 광경을 함께 지켜보는 일도 흥미로운 일이다.

"지워진 폐역"에는 "누군가를 기다리던 그림자가 아직도"(「사춘기」) 있을 것이고, 장터 "국밥집 앞 부레옥잠은"(「장터의 끝자락」) 지금도 가만가만 손님을 맞을 것이고, "마른 오후가 더 이상 마르지 않도록 붓에 물을 많이 적시던 사람"(「그녀」)은 오늘도 하루를 그릴 것이고, "덕포 해변 썰물 자리 모래가 남긴"(「모래 그림」) 나무 그림은 봄마다 잎을 피울 것이고, 나사리에서도 영도다리에서도 노병희 시인이 만났고 만나야 하는 이들은 끊임없이 겨울을 견뎌 봄을 향하고 있을 것이다.

시간을 품는 동안 스스로 호흡하여 깊이를 지닌, 입이 닫혀 몸짓으로 말하는, 누군가의 '첫'뿐만 아니라 누군가의 '끝'이기도 한, 돌아보면 불쑥 마디가 된, 비워도 비워도 도무지 여백이 될 것 같지 않은, 세상의 모든 흑백들에게 노병희 시인은 망설임 없이 손을 내민다. 맞잡지 않아도 절로 전해지는 체온이 궁금하다면 이제 그의 시집을 펼쳐도 좋다.

애 지 시 선

031 하루만 더   고증식 시집
032 몸꽃   이종암 시집
033 허공에 지은 집   권정우 시집
034 수작   김나영 시집
035 나는 열 개의 눈동자를 가졌다   손병걸 시집
036 별을 의심하다   오인태 시집
037 생강 발가락   권덕하 시집
038 피의 고현학   이민호 시집
039 사람의 무늬   박일만 시집
040 기울어짐에 대하여   문숙 시집
041 노끈   이성목 시집
042 지독한 초록   권자미 시집
043 비데의 꿈은 분수다   정덕재 시집
044 글러브 중독자   마경덕 시집
045 허공의 깊이   한양명 시집
046 둥근 진동   조성국 시집
047 푸른 징조   김길녀 시집
048 지는 싸움   박일환 시집
049 아무나 회사원, 그밖에 여러분   유현아 시집
050 바닷가 부족들   김만수 시집
051 곡두   박승자 시집
052 나선형의 저녁   정용화 시집
053 보이저 씨   김현욱 시집
054 비탈   이경호 시집
055 하모니카 부는 오빠   문정 시집
056 우는 화살   고영서 시집
057 검은 옥수수밭의 동화   송유미 시집
058 매운방   신준수 시집
059 승부사   박순호 시집
060 동그라미, 기어이 동그랗다   이민숙 시집
061 아버지의 마술   이권 시집
062 이름의 풍장   김윤환 시집
063 국수 삶는 저녁   박시우 시집
064 미스김 라일락   나혜경 시집
065 멍게 먹는 법   이동순 시집
066 우는 시간   피재현 시집
067 종점식당   김명기 시집
068 달동네 아코디언   이명우 시집
069 자작나무 숲에 눈이 내린다   변경섭 시집
070 눈부신 고독   이윤경 시집
071 꽃마차는 울며 간다   권선희 시집
072 섬, 육지의   이강산 시집
073 다시, 평사리   최영욱 시집
074 국수를 닮은 이야기   박구경 시집
075 상록마녀   신단향 시집
076 총잡이   이동호 시집
077 어떤 입술   라윤영 시집